EL ÁNGEL DE LAS PRISIONES

THE ANGEL OF THE PRISONERS

CÉSAR VIDAL

ILUSTRACIONES | ILLUSTRATIONS

JOSHUA HERNÁNDEZ

Editorial JUCUM
P.O. Box 1138, Tyler, TX 75710-1138 U.S.A.
Correo electrónico: info@editorialjucum.com
Teléfono: +1 (903) 882-4725
www.editorialjucum.com

Email: books@ywampublishing.com
Telephone: (425) 771-1153
www.ywampublishing.com

El ángel de las prisiones / The Angel of the Prisoners by César Vidal

Translated by Kadi Kool

Ilustración: Joshua Hernández
Illustration: Joshua Hernández

Segunda edición 2024
Second edition 2024

ISBN 978-1-57658-678-5

Impreso en Colombia
Printed in Colombia
www.nomos.co

La presente historia está basada en hechos reales.

This story is based on actual events.

Han pasado ya muchos años. Aunque peino canas, mi memoria sigue siendo buena y me permite recordar cómo empezó todo.

Recuerdo con total claridad que, en casa, no había nada que se pudiera comer.

Many years have passed. Even though the hair on my head is gray, my memory is good and I still remember how it all began.

I remember clearly that there was nothing to eat in the house.

Yo mismo, a pesar de ser un niño, tenía el hambre de un adulto y nada con qué saciarla.

Fue así cómo, siendo todavía un niño, llegué a la conclusión de que la única manera de poder llevarme algo a la boca era. . . robar.

Even though I was a child, my hunger was adult-size and there was nothing to satisfy it.

I concluded that the only way to put food in my mouth was to steal.

Sí. Era lo más fácil. Quitarle a otro lo que era suyo. Como a ese anciano...

Le quité el bolso que asomaba por un lado de su casaca y eché a correr. Corrí y corrí y corrí. . . pero me atraparon.

Yes, it was so easy to take something that belonged to someone else. Like that older gentleman. . .

I snatched the bag that stuck out from one side of his jacket and ran. I ran and ran, but, still they caught me.

Enseguida me llevaron ante el juez. En un par de minutos, dictó sentencia y me envió a prisión.

Por muchos años que pasen, nunca olvidaré lo que percibí cuando se abrió la puerta de la celda. Nunca antes y nunca después sentí un olor tan asqueroso y repugnante.

Straight away they brought me before the judge, and within minutes, he decided the sentence and sent me to prison.

No matter how many years go by, I will never forget the stench when the door to the cell opened. Never before and never since have I encountered such a disgusting, repugnant smell.

Pero en aquella cárcel, además, encontré el hambre, un hambre mucho mayor que en mi casa. . .

Y también me vi envuelto por una suciedad pegajosa que se agazapaba en cada rincón.

In that prison I also encountered hunger, a hunger that was much greater than what I had experienced at home.

And I was surrounded by a slimy filth that reached every corner.

Y también contemplé con horror cómo los mayores abusaban de los más pequeños entre aquellas cuatro paredes.

Y también supe lo que era sentir frío hasta el punto de no poder mover los dedos ni conciliar el sueño.

I also watched with horror as the older prisoners abused the smallest ones within those four walls.

I learned what it was to feel cold, so cold that I couldn't move my fingers and toes or fall asleep.

Y también descubrí una oscuridad tan tenebrosa que no desaparecía por mucho que abriera y cerrara los ojos.

Tenía que escoger entre esa vida en prisión o aceptar que me deportaran como esclavo al otro extremo del mundo.

I experienced a deep darkness that didn't lessen no matter how many times I opened and closed my eyes.

This was the life I could continue to live, or I could agree to be deported as a slave to the other side of the world.

Yes que estar en la prisión era malo, muy malo, pero yo sabía que muchos de los que se convertían en siervos no llegaban a soportar el viaje por mar y morían durante la travesía.

Y entonces, cuando menos podía esperarlo, un día de suciedad, de frío y de hambre, se abrió la puerta de nuestra celda.

Staying in prison was awful, really awful, but I knew that many of those who decided to become slaves didn't survive the voyage.

Then unexpectedly one day, a day filled with filth, cold, and hunger, the door of our cell opened.

Por aquella brecha abierta en la pared, entró en nuestro cubículo no un nuevo preso o un guardián.

Quién llegó fue una mujer.

Ante nuestra total sorpresa, comenzó a caminar entre nosotros, acompañada por uno de los guardianes de la prisión. Dio unos pasos, examinó algunos rostros y se detuvo frente a mí.

It wasn't a new prisoner or a guard who entered our cubicle through that crack in the wall.

No, it was a woman.

To our total amazement, she began walking among us, accompanied by one of the prison guards. She walked a bit, examined a few faces, and then stopped in front of me.

Me observó con sus ojos profundos, serenos, castaños y mirándome fijamente dijo:

–Quiero llevarte conmigo. ¿Estás dispuesto?

Al escuchar sus palabras, sentí que todo me daba vueltas. Antes de que pudiera darme cuenta, todo se volvió negro y me desvanecí.

Me desperté cuando la mano del carcelero me hubo abofeteado varias veces.

–¿Estás mejor? –escuché que sonaba en mis oídos la voz de aquella mujer.

Asentí con la cabeza sin despegar los labios.

She looked at me with deep, serene, chestnut colored eyes and then, with her gaze fixed on me said, "I want to take thee with me. Art thou willing?"

When I heard her words, I felt the room spin. Before I knew what was happening, everything went dark and I fainted.

I awoke when the guard slapped me several times.

"Art thou feeling better?" the woman's voice sounded in my ears.

I nodded without opening my lips.

La mujer me sonrió y dijo:

–Te necesito para un experimento.

–¿Un experimento? –pregunté con voz temblorosa.

–Sí –respondió–. Un experimento para mejorar la vida en las cárceles.

–En primer lugar –me dijo– hay que separar a los reclusos por edades. Los niños, los jóvenes, los menores no pueden estar con adultos.

The woman smiled at me and said, "I need thee for an experiment."

"An experiment?" I asked in a trembling voice.

"Yes," she replied, "an experiment to improve life in prisons.

"First," she said, "the inmates should be separated by age. The children, the young people, all the minors, should not be with the adults."

—Y también hay que enseñar a los presos —siguió diciendo la mujer—. Aprender un oficio o, al menos, saber realizar un trabajo honrado sacará a esta gente de su desgracia. La educación es la escalera para escapar de este agujero y llegar a otro lugar que no lleve de camino a la cárcel.

—Yo no sé leer ni escribir —comenté con amargura.

—No importa —me dijo—. Aprenderás y, cuando aprendas, tu vida cambiará.

"The prisoners also should be taught," the woman continued. "Learning a trade or at least knowing how to do honest work will lift these people out of their wretchedness. Education is the way out of this pit and puts them on a road that doesn't lead back to prison."

"I don't know how to read or write," I said bitterly.

"It doesn't matter," she told me. "Thou wilt learn and when thou dost, thy life will change."

Y es cierto que mi vida cambió. Cambió totalmente.

Cada vez que Elizabeth –que es como se llamaba la mujer– llegaba, era como si saliera el sol. Un sol limpio y brillante.

And it's true that my life changed. It changed completely.

Every time Elizabeth, for that was the woman's name, visited, it was as if the sun had come out. A pure, bright sun.

Gracias a ella, supe lo que significaba estar limpio.

Y dejar de tener miedo a los que eran mayores que yo.

Thanks to her, I learned what it meant to be clean.

And I stopped being afraid of people older than me.

Y, sobre todo, descubrí la maravilla que es leer.

Encontré en los libros mundos que nunca había sospechado.

Above all, I discovered the wonder of reading.

In books I discovered worlds I had never imagined.

Y entonces comencé a preguntarme por qué aquella mujer que no era ni mi madre ni mi hermana ni nadie de mi familia se comportaba conmigo como nadie lo había hecho antes. Un día, reuní el valor suficiente para decirle:

–¿Por qué me trata usted así?

Elizabeth me sonrió con aquella sonrisa tan especial y respondió:

–Porque todos, mi querido Jim, tenemos que intentar dejar el mundo algo mejor de como era cuando llegamos a él.

And then I began to wonder why this woman, who wasn't my mother or my sister or any member of my family, treated me like no one had ever done before. One day I mustered the courage to ask her, "Why do you act this way toward me?"

Elizabeth smiled her special smile and replied, "Because all of us, my dear Jim, have to try to leave the world better than we found it."

Aquella respuesta me sorprendió. Debo reconocer que nunca había pensado en nada parecido. A decir verdad, con llenar las tripas y no pasar mucho frío me conformaba. ¿Qué era eso de dejar el mundo mejor?

–Señora, no os entiendo. . . –le dije.

–No es tan difícil de entender –me respondió.

Her answer surprised me. I have to admit I had never thought of anything like that. In reality, I was happy if I had a full belly and didn't feel too cold. What did she mean by leaving the world a better place?

"Good lady, I don't understand."

"It's not so hard to understand," she replied.

—Jim —continuó hablando—, en este mundo, hay mucha gente que sufre. Son personas que padecen la ignorancia, el hambre, la brutalidad. ¿No crees que habría que intentar ayudarlos?

»Esta vida, Jim, puede ser muy oscura, pero existe una Luz que puede iluminarla.

"Jim," she went on, "there are a lot of people who suffer in this world. They suffer ignorance, hunger, brutality. Shouldn't we try to help them? This life can be very dark, but there is a Light that can illuminate it."

—¿De qué luz habláis? —le pregunté confuso.

—De Jesús —respondió Elizabeth—. Hubo una época en que yo también estuve en la oscuridad, pero conocí esa Luz y salí para siempre de las tinieblas.

"What light is that?" I asked her, confused.

"Jesus," Elizabeth replied. "There was a time when I was also in darkness, but I came to know the Light and left darkness behind forever."

—Jim, voy a preguntarte algo muy importante —dijo Elizabeth—. ¿Querrías conocer esa Luz? ¿Querrías cambiar para siempre de vida?

Y así fue como, gracias a Elizabeth Frey, conocí a Jesús.

"I'm going to ask thee a very important question, Jim," Elizabeth said. "Wouldst thou like to know this Light? Wouldst thou like to change thy life forever?"

And that is how, thanks to Elizabeth Fry, I met Jesus.

Y fue también como decidí marchar al otro lado del mundo, a las Indias occidentales, pero no como esclavo del rey, sino como siervo de Jesús.

Desde entonces, no he sido un preso encarcelado sino un hombre libre ansioso por expandir la Luz que me liberó.

And that is also how I decided to travel to the other side of the world, to the West Indies, not as a slave of the king, but as a servant of Jesus.

Since then, I have not been a man imprisoned but a free man eager to spread the Light that set me free.

El Dr. César Vidal es un escritor, historiador y comunicador estadounidense de origen español. Autor de libros de historia, biografías, ensayos, novelas y obras de teatro, ha dedicado buena parte de su labor a la literatura infantil y juvenil. En esa área literaria, ganó el Premio Jaén –el más importante de la literatura juvenil en España– y ha figurado varias veces en la lista de honor del premio CCEI. Ha escrito series de libros infantiles y juveniles como *Aventuras de ayer* y *Dilaf el sabio* y ha sido traducido a una decena de idiomas como el italiano, el francés, el ruso, el georgiano o el coreano.

Dr. César Vidal is an American writer, historian and communicator of Spanish origin. Author of history books, biographies, essays, novels and plays, He has dedicated a good part of his work to children's and youth literature. In this literary area, he won the Jaén Prize, the most important for youth literature in Spain, and has been featured on the CCEI award honor roll several times. He has written series of books for children and young people such as *Aventuras de ayer* and *Dilaf el sabio* and has been translated into a dozen languages such as Italian, French, Russian, Georgian, and Korean.